kommt 1
boy
vom Friseur ..
Pony weg

Bibliografische Informationen
der Deutschen Nationalbibliothek:
Die Deutsche Nationalbibliothek verzeichnet diese
Publikation in der Deutschen Nationalbibliografie;
detaillierte bibliografische Daten sind
im Internet über www.dnb.de abrufbar.

Herstellung und Verlag:
BoD – Books on Demand, Norderstedt

ISBN 978-3-7347-8248-0

high noon

Das amüsante Ratebuch für Männer

von galactic jokes berlin ☀

die Lösungen stehen rückwärts darunter.

Viel Spaß wünscht die Zeichnerin Maren Roloff.

Abisolierzangen-
spaltmaßhalteschr

lessülhcsnebuarhcS

ekcötsbuarhcS

ttalbnesneS

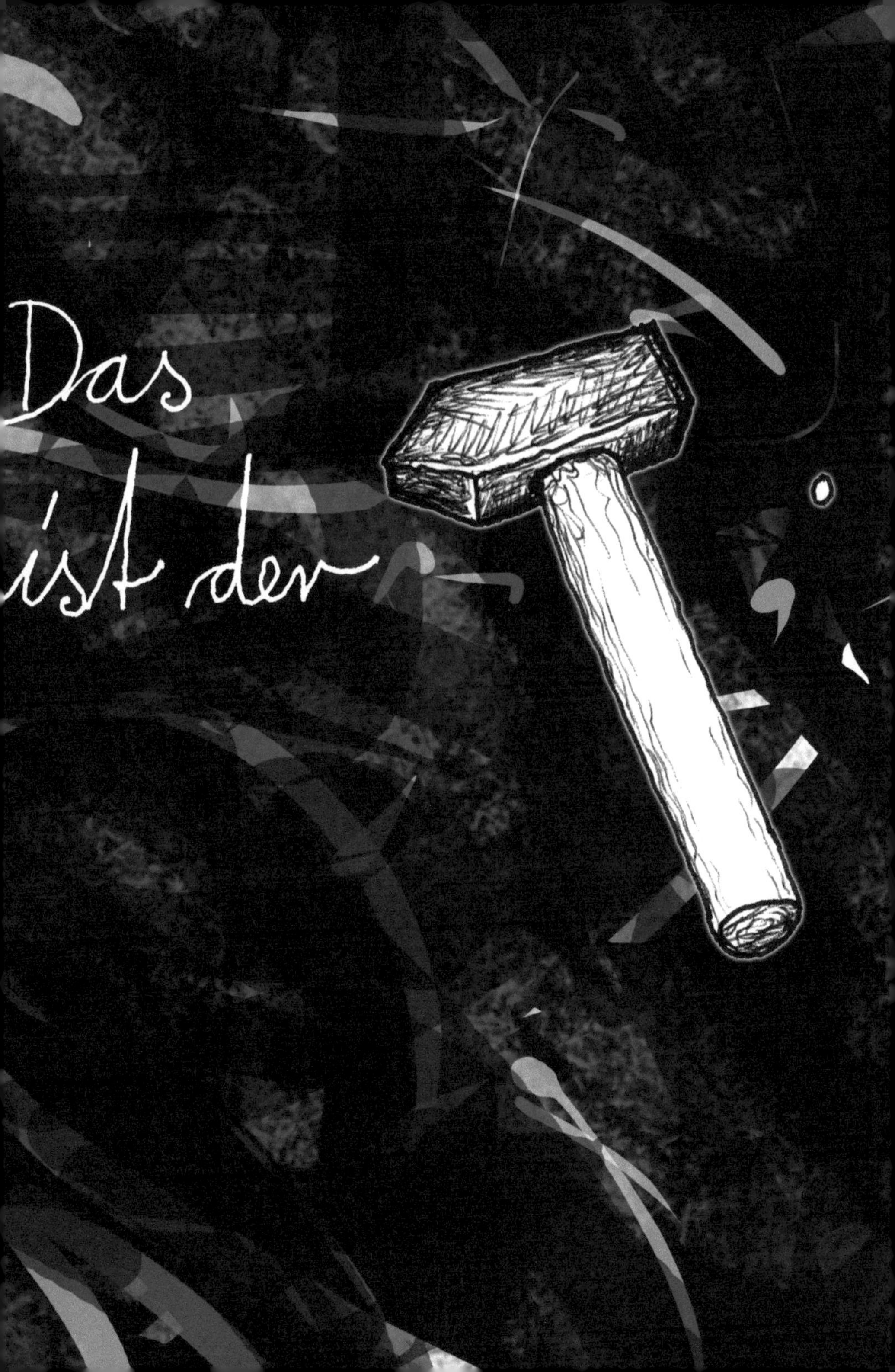
Das
ist der

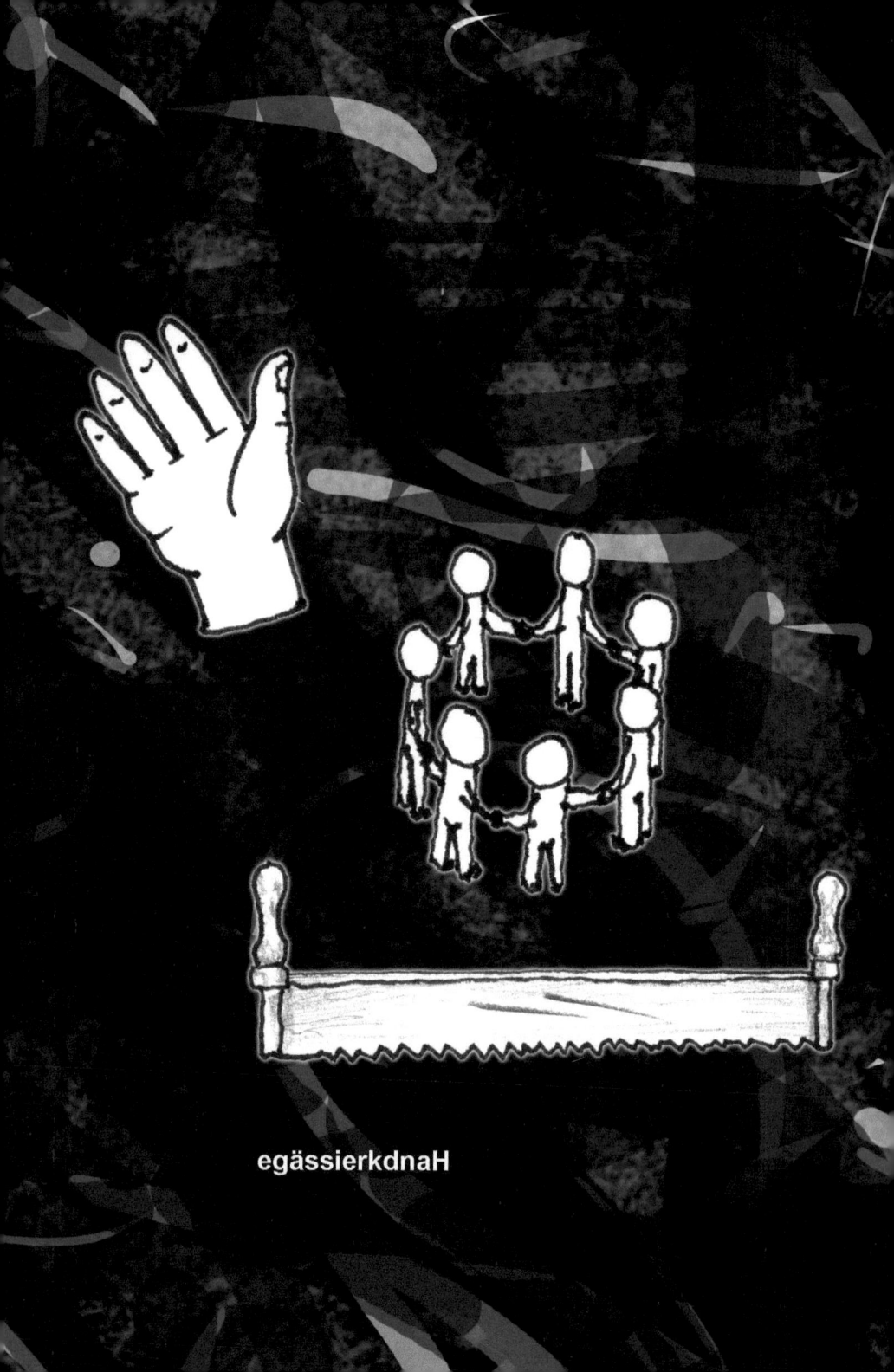

egässierkdnaH

egäsdnaB

TEM

opmetnekcenhcS

Rohrpresszange
backenhaltergr
od. -schraube

rezruflesseS

lespötsrhO

nehcnnämfuahetS

knabrekrewdnah..

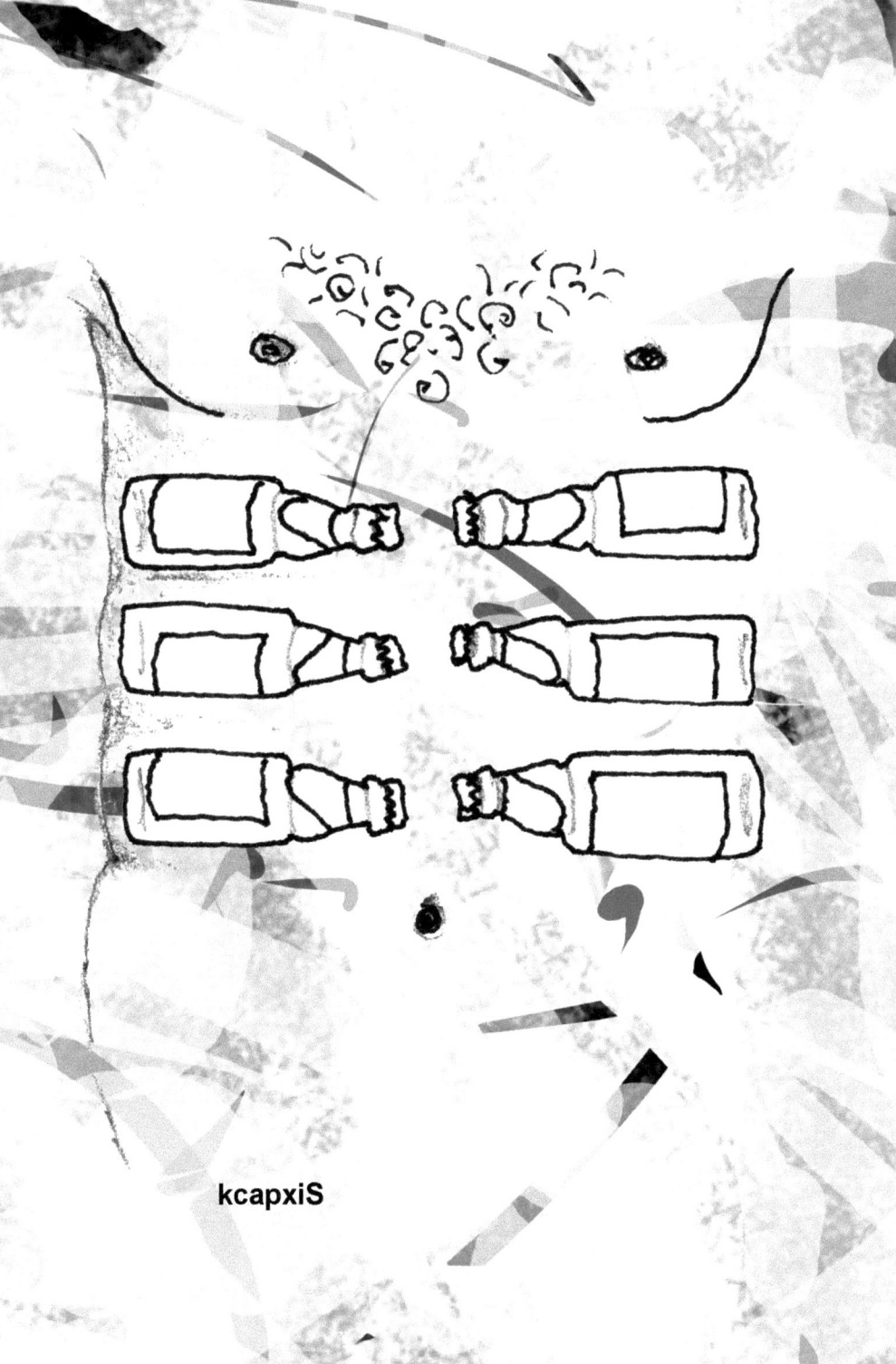

kcapxiS

führungs

n

befestigungs

svorbohrungs

stellen

Leim

deckel

Nr: 57125296

solhcualhcs

Treibungs Paste mit Aloe Vera

elior/melius, optimus (gut, besser, am
eic /peius, pessimus (schlecht, schlec
m ior/ eius, maximus (groß, größer, a

logos

nietalregäJ

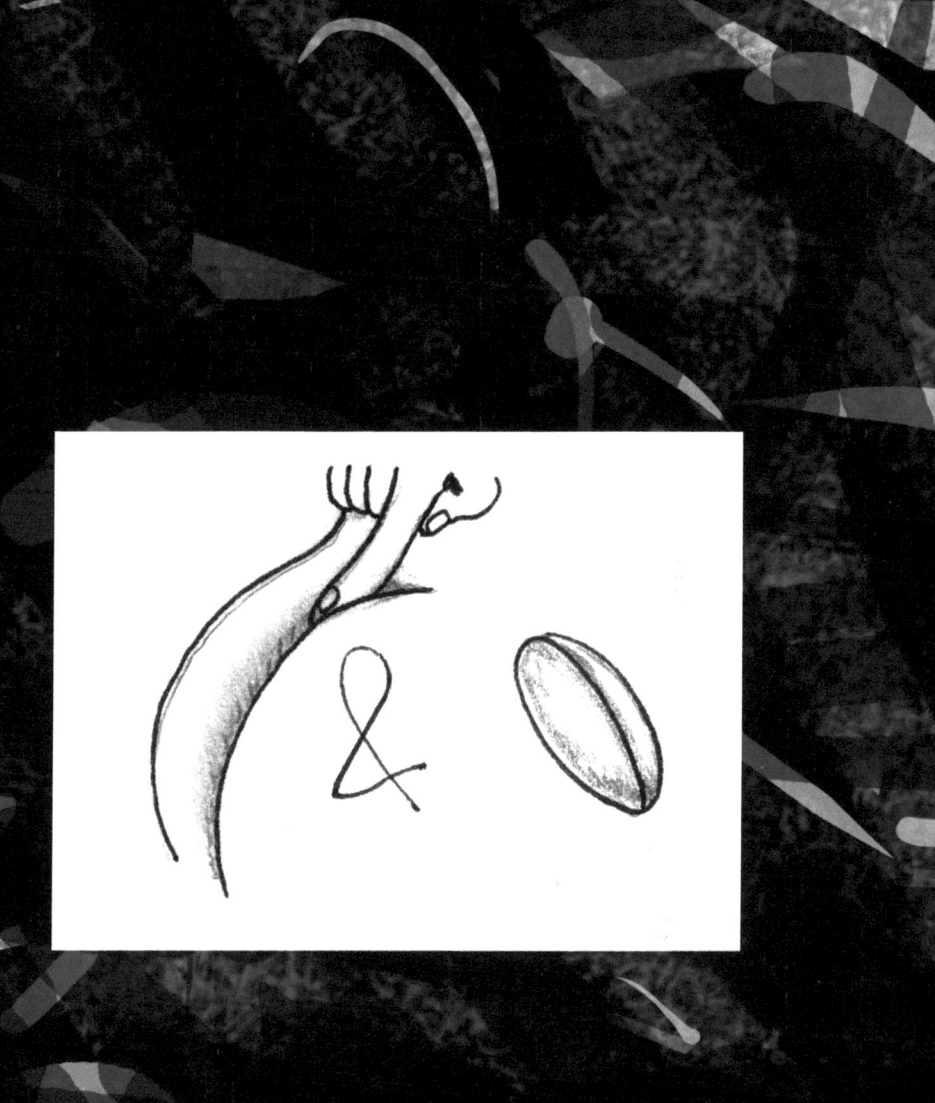

nellirG

Radbaggerbolzenkett

nehcstaltardauQ

nehcam niehcsrerhüF nenies

Kabelabisolierzange

retielblaH

ver

nehetsrev neuarF

etwas haben

..fua kcoB

neßiersua emuäB

nesanleffotraK

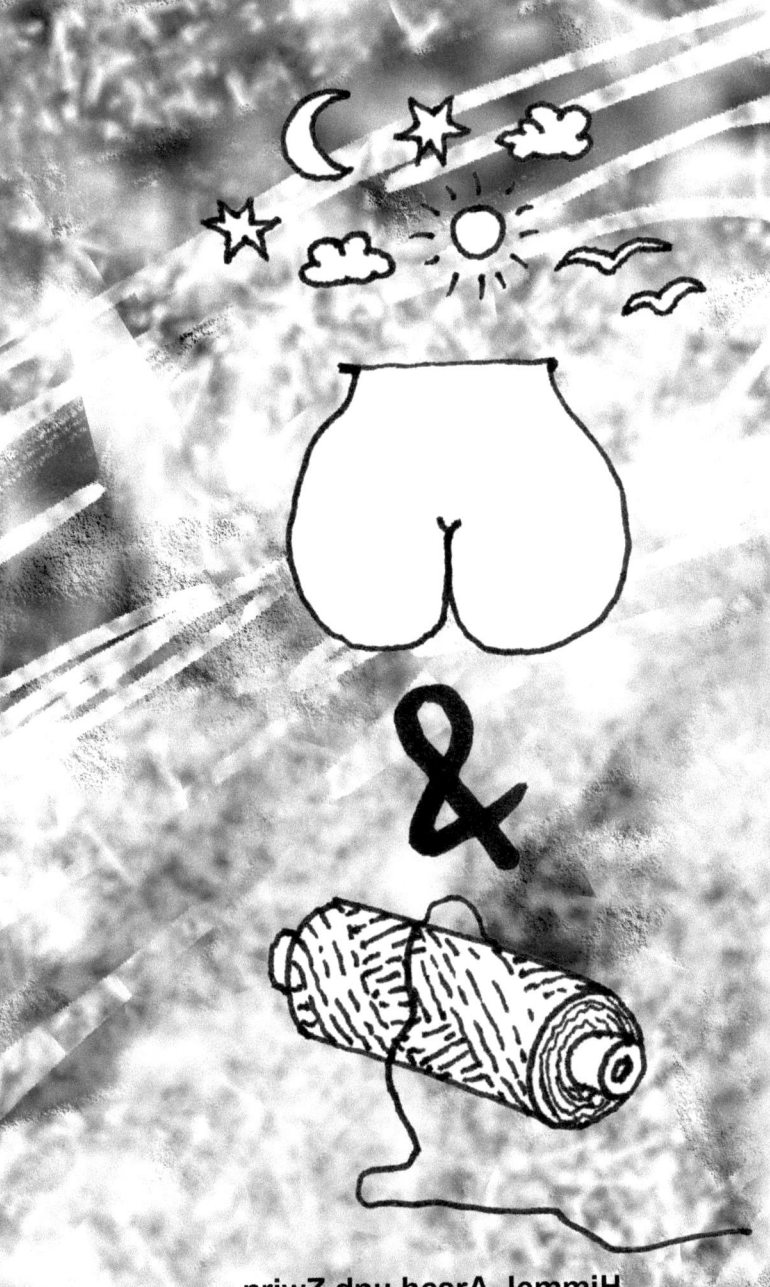

nriwZ dnu hcsrA ,lemmiH

fpokneshcO

hcsorfllanK

sich eine

Mehl

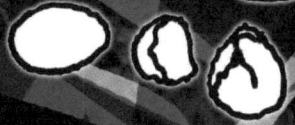

nekcab uarF..

falhcsorüB

hcrotsreppalK

laassierK

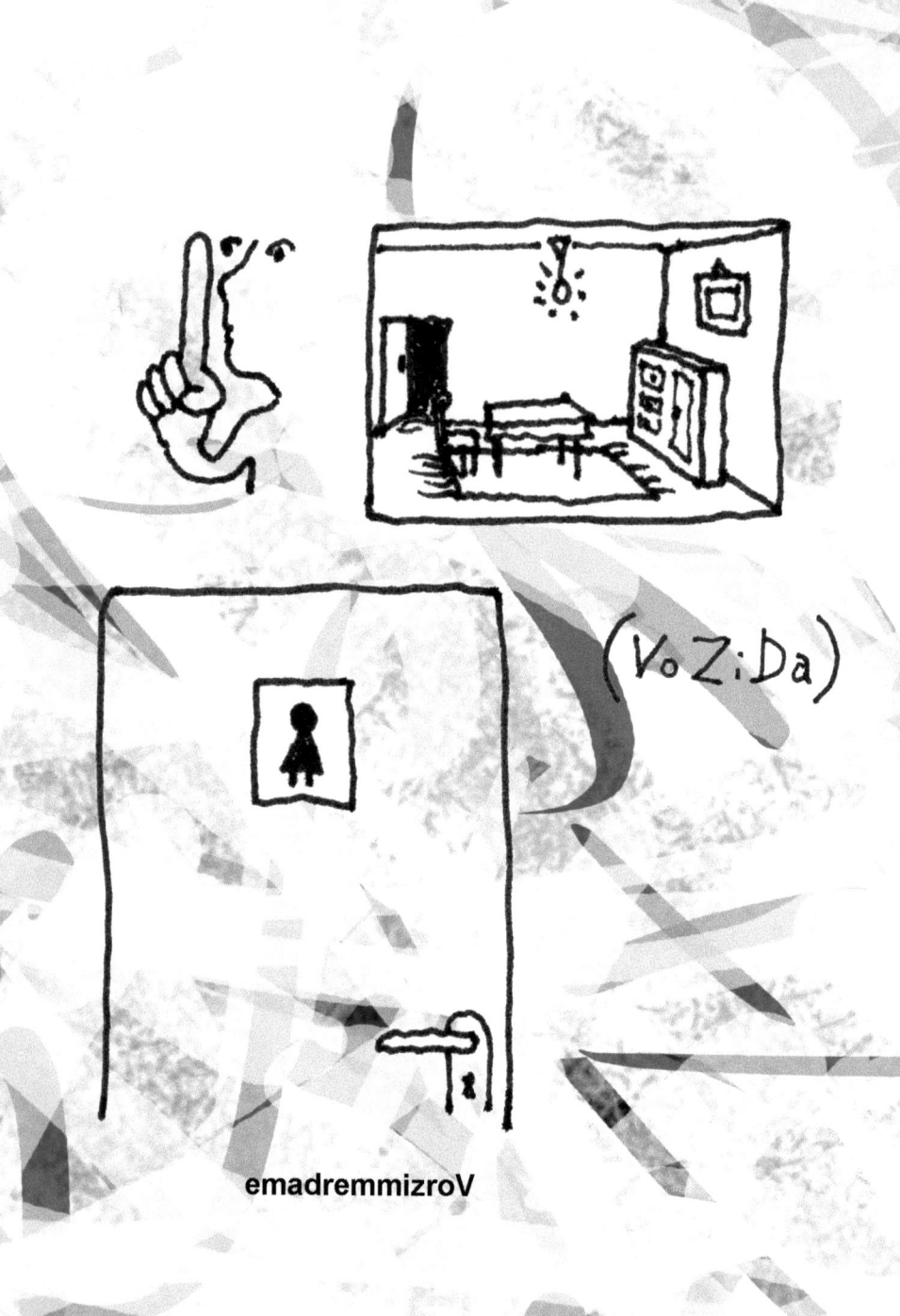

(VoZiDa)

emadremmizroV

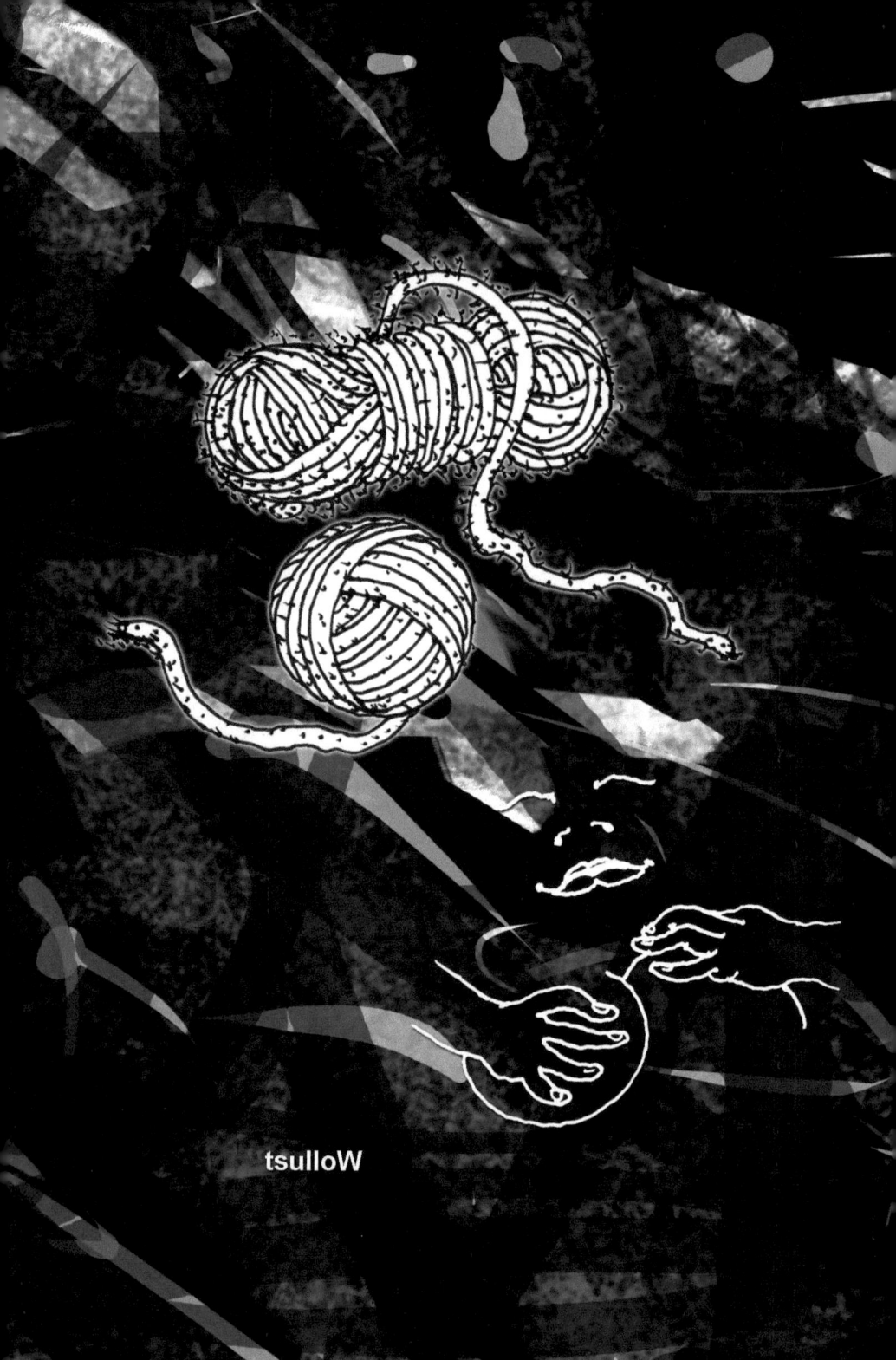

geil

..nettitneffarebo

hcirtsfuatorB

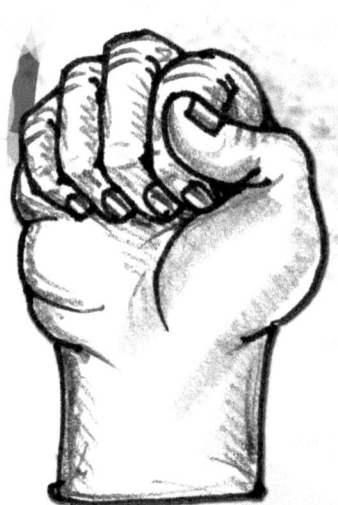

tsuaF dnu tsuafrU

esuarbssaF

nemulbnroK

reltsbO

eplutreiB

tsiegreebmiH

bulcdarrhaF mi deilgtiM

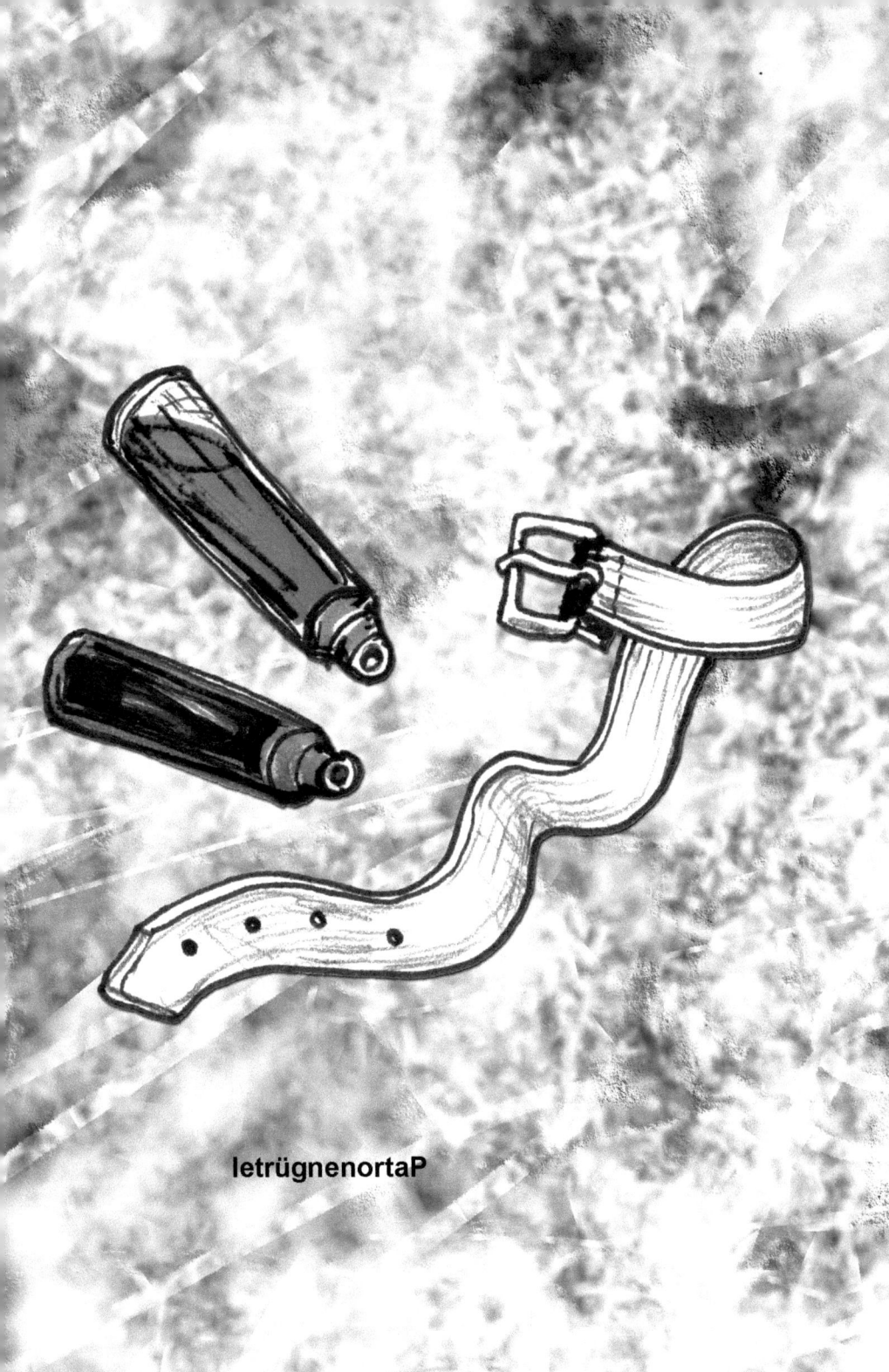

letrügnenortaP

nefrewretnu

wie 1

AB

regietsbA nie eiw netertfua

(12:0)

kcilblennuT

tick tick tick

60

falhcsnednukeS

regärtlettaS

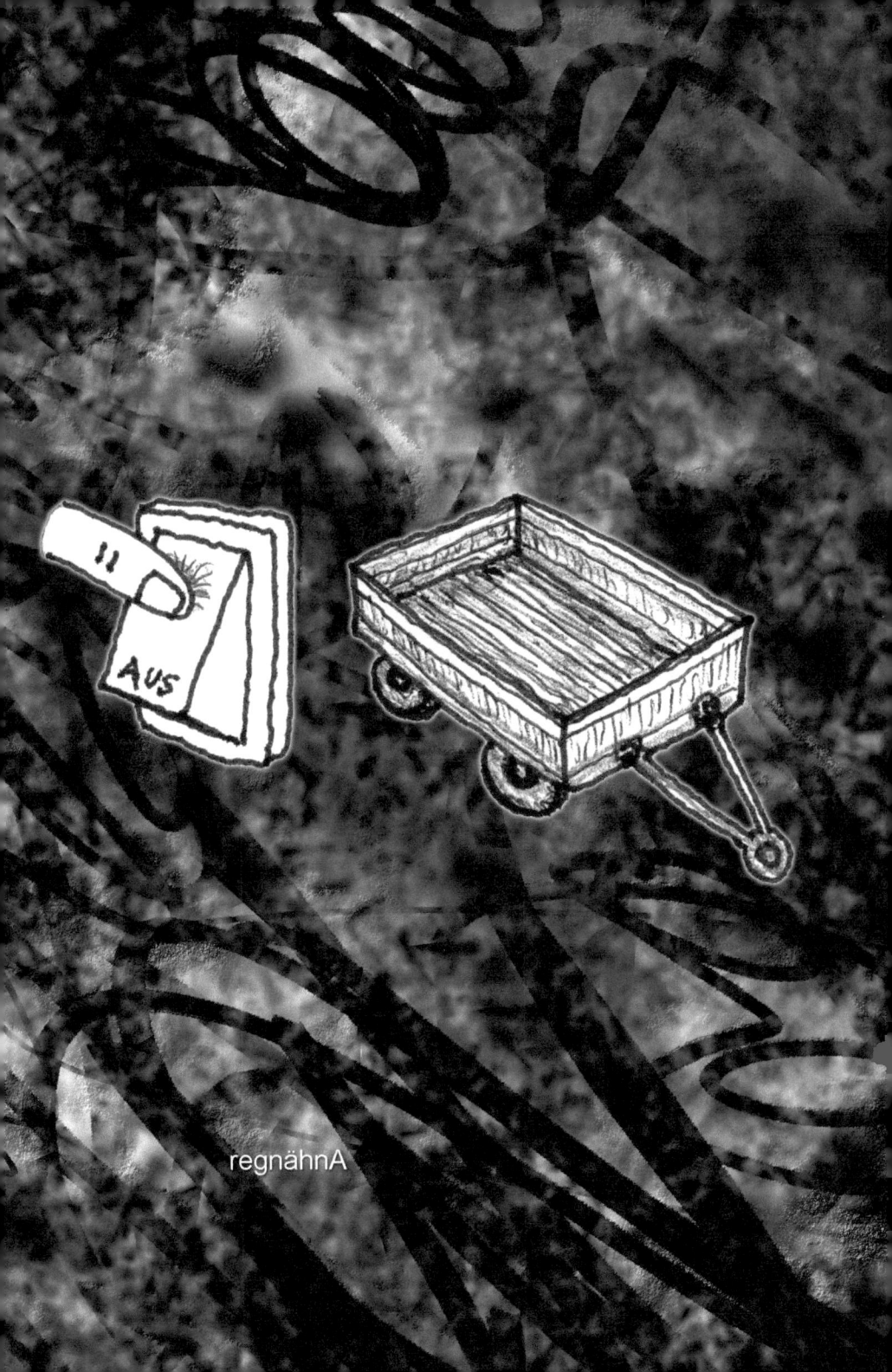

nerrehsuaH

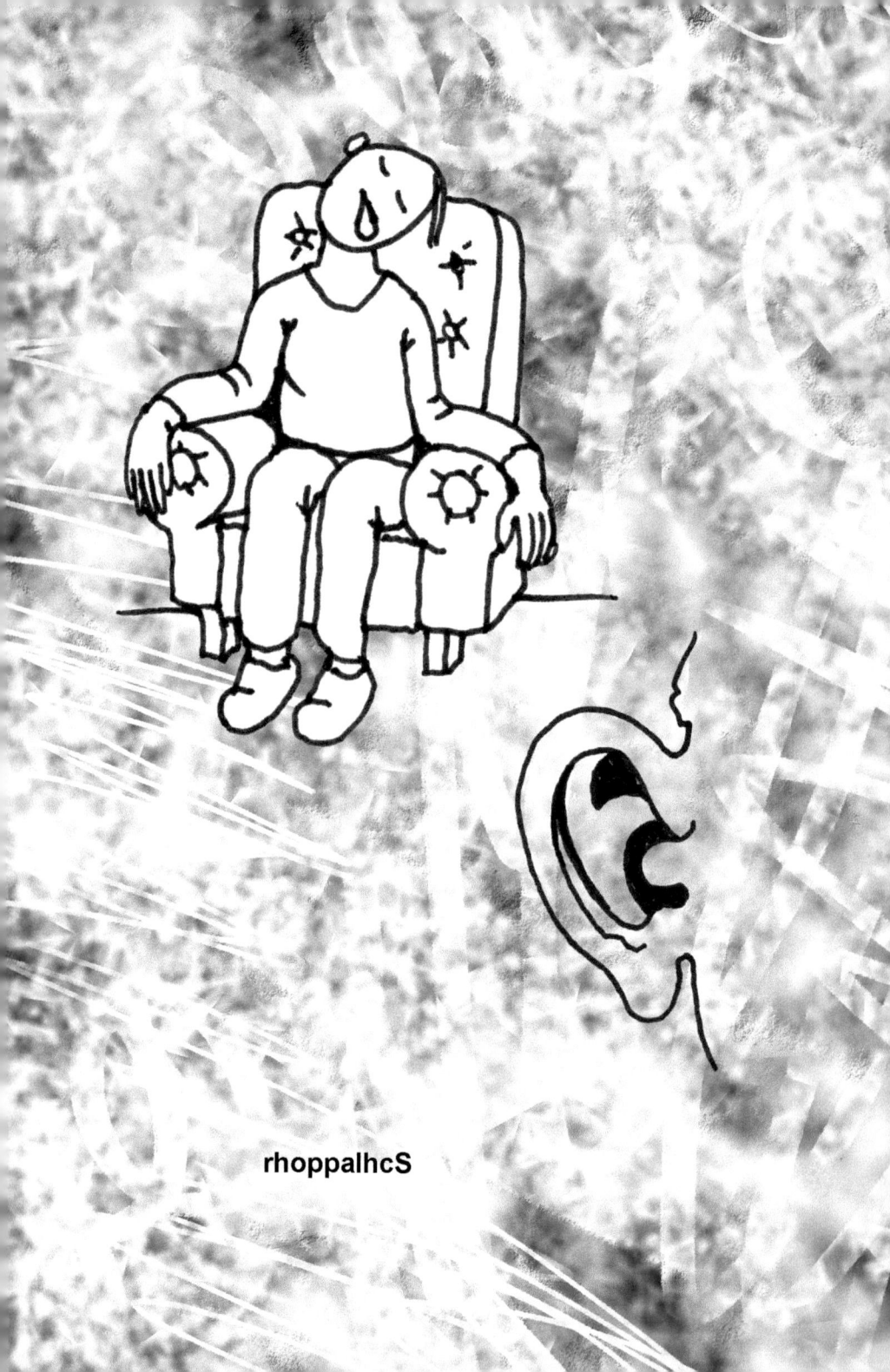

orübdnuF

nehcukednuH

gnudlibniE

Idee:
Maren
Roloff

ZeiChnun
g:
*
Maren Roloff

Casting: Scan:Bearbeitung:

Maren Roloff

✦

KorreKtur:

Maren Roloff

✦

MaskeMusikFotoUmschlag:

Maren Roloff

✦

TeXtRegieSponsoringStunts:

Maren Roloff

usw.

bisher erschienen :

ISBN-10: 9783738693843
ISBN-13: 978-3-7347-5373-2

ISBN-10: 9783738694369
ISBN-13: 978-3-7347-5892-8

ISBN-10: 9783738694741
ISBN-13: 978-3-7347-5989-5

Maren Roloff
BilderRätsel
Taschenbuch
68 Seiten
14,8 x 21cm

erschienen bei
Books on Demand.

Mehr Info:
www.galactic-jokes-berlin.de

galactic jokes berlin ☀

Maren Roloff
BilderRätsel für Frauen
Komik und Hirnjogging

ISBN-10: 3734767547
ISBN-13: 978-3734767548

Taschenbuch, 88 Seiten
14,8 x 21cm
erschienen bei
Books on Demand.

ein schönes Geschenk !

Maren Roloff
BilderRätsel für Frauen
Komik und Hirnjogging

ISBN-10: 373476873X
ISBN-13: 978-3734768736

Taschenbuch, 88 Seiten
14,8 x 21cm
erschienen bei
Books on Demand.

statt Blumen !
(oder nur einer
Postkarte für 1,20 ;)

Maren Roloff
WeißHighTen für Fortgeschrittene
Ein Anti-Stress-Buch von galactic jokes berlin © Maren Roloff
Allseits bekannte Aussprüche und geflügelte Worte in Zeichensprache
(wie z.B.: den Stein in rollen bringen, Zucker in den Hintern blasen,
Maulaffen feilhalten, mit Kind & Kegel oder sein Geschäft machen usw, ...)
Ein Vergnügen, sie wiederzuerkennen.

ISBN-10: 3734774373
ISBN-13: 978-3734774379
Taschenbuch, 108 Seiten, 14,8 x 21 cm

Vorschau:

Maren Roloff
piraten highraten
und *High*
Zwei Grusel-Bücher
mit finsteren Bildrätseln,
Geschichten
und Aussprüchen
in Text- und Zeichensprache.

Die Übersetzungen
stehen rückwärts darunter.

Ob allein oder zu zweien,
ein bisschen Gänsehaut
muss sein!

Taschenbücher
108 Seiten, 14,8 x 21 cm

Mehr Info:
www.galactic-jokes-berlin.de

galactic jokes berlin

galactic-jokes-berlin.de

ssugrekcuZ